BREVE SUNTO SULLA
MEDIAZIONE DLGS. 28/2010

a cura di Massimiliano Alessandrucci

INDICE

INTRODUZIONE

A partire dal 20 marzo 2011, chi intende promuovere un giudizio in materia di diritti reali, divisione, successioni ereditarie, patti di famiglia, locazione, comodato, affitto di aziende, diffamazione con il mezzo della stampa o con altro mezzo di pubblicità, contratti assicurativi, bancari e finanziari, è tenuto ad esperire preliminarmente il tentativo di conciliazione della controversia, presso un organismo autorizzato dal Ministero della

Giustizia[1]. Tale organismo fornirà alla parti un professionista che tenterà di risolvere il conflitto senza andare in giudizio ovvero trovando una soluzione creativa e specifica per la questione del caso: il professionista è meglio conosciuto come *mediatore*, vale a dire un soggetto, qualificato e terzo che appunto aiuti le parti in conflitto a comporre una controversia. Il mediatore assiste le parti nella ricerca di una composizione non

---

1 Guida breve alla mediazione civile e commerciale obbligatoria Domenica 15 Maggio 2011 da www.scadenzeprocessuali.it

giudiziale del problema senza attribuire ragioni e torti.

Nelle pagine che seguiranno potrete capire in maniera breve ma precisa:

A. Cosa è la mediazione

B. Chi è il mediatore e quali sono le sue funzioni

C. Come si attua una procedura di mediazione, quali sono i costi e le tempisitiche

D. Perche è bene usare la mediazione per ogni controversia.

CAPITOLO 1 – COSA E' LA MEDIAZIONE

IL decreto legislativo 28 del 4 marzo 2010 definisce:

Ai fini del presente decreto legislativo, si intende per:

a) mediazione: l'attivita', comunque denominata, svolta da un terzo imparziale e finalizzata ad assistere due o piu' soggetti sia nella ricerca di un accordo amichevole per la composizione di una controversia, sia nella formulazione di una proposta per la risoluzione della stessa;

b) mediatore: la persona o le persone fisiche che, individualmente o collegialmente, svolgono la mediazione rimanendo prive, in ogni caso, del potere di rendere giudizi o decisioni vincolanti per i destinatari del servizio medesimo;

c) conciliazione: la composizione di una controversia a seguito dello svolgimento della mediazione;

d) organismo: l'ente pubblico o privato, presso il quale può svolgersi il procedimento di mediazione ai sensi del presente decreto;

e) registro: il registro degli organismi istituito con decreto del Ministro della giustizia ai sensi dell'articolo 16 del presente

decreto, nonchè, sino all'emanazione di tale decreto, il registro degli organismi istituito con il decreto del Ministro della giustizia 23 luglio 2004, n. 222.

La mediazione civile è dunque un istituto giuridico italiano introdotto con il Decreto Legislativo n. 28 del 4 marzo 2010, per la composizione dei conflitti tra soggetti privati relativi a diritti disponibili.

L'istituto è stato introdotto, proprio come successe in America a partire dagli anni settanta, per deflazionare il sistema giudiziario italiano rispetto al carico degli arretrati e al rischio di accumulare nuovo ritardo. Esso, infatti, rappresenta uno dei pilastri fondamentali della riforma del processo civile.

La mediazione civile ha lo scopo di far addivenire le parti ad una conciliazione attraverso l'opera di un *mediatore*, vale a dire un soggetto professionale, qualificato e terzo che aiuti le parti in conflitto a comporre una controversia. Il mediatore assiste le parti nella ricerca di una composizione non giudiziale del problema senza attribuire ragioni e torti.

Il compito principale del mediatore (organismo pubblico o privato controllato dal Ministero della Giustizia) è quello di condurre le parti all'accordo amichevole. Soltanto in caso contrario, egli può proporre alle parti una soluzione della controversia.

Il punto c) articolo uno decreto legislativo distingue nettamente l'istituto della mediazione civile da altre forme di conciliazione già esistenti nell'ordinamento giuridico italiano. L'atto, infatti, dispone che per *mediazione civile* debba intendersi l'attività finalizzata alla composizione di una controversia e che, invece, la *conciliazione* sia il mero risultato di tale attività.

Tale distinzione è stata ben evidenziata per sottolineare il fatto che la mediazione civile, rispetto a precedenti istituti finalizzati alla composizione dei conflitti, sia uno strumento innovativo di portata generale riguardante tutte le controversie civili e commerciali.[2]

<u>RICAPITOLANDO[3]:</u>

1) La mediazione è l'attività professionale svolta da un terzo imparziale e finalizzata ad assistere due o più soggetti sia nella ricerca di un accordo amichevole per la composizione di una controversia, sia nella formulazione di una proposta per la risoluzione della stessa.

2) Il mediatore è la persona o le persone fisiche che, individualmente o collegialmente, svolgono la mediazione rimanendo prive, in ogni caso, del potere di rendere giudizi o decisioni vincolanti per i destinatari del servizio

[2] Wikipedia enciclopedia multimediale, Sito web ufficiale www.wikipedia.com

[3] Ministero di giusitizia, sito web ufficiale, www.giustizia.it

medesimo. Il mediatore è un professionista con requisiti di terzieta'. L'organismo dove il mediatore presta la sua opera è vigilato dal Ministero della giustizia.

3) La mediazione può svolgersi presso enti pubblici o privati, che sono iscritti nel registro tenuto presso il Ministero della giustizia e che erogano il servizio di mediazione nel rispetto della legge, del regolamento ministeriale e del regolamento interno di cui sono dotati, approvato dal Ministero della giustizia.

CAPITOLO 2 – CHI E' IL MEDIATORE

Ricordiamo innanzitutto quali sono i requisiti necessari per operare come mediatore.

Secondo l'art. 4 D.M. 180/2010, i mediatori:

a) devono possedere **un titolo di studio non inferiore al diploma di laurea universitaria triennale** ovvero, in alternativa, devono **essere** iscritti a **un ordine o collegio professionale**;

b) devono essere in possesso di una **specifica formazione** e di uno **specifico aggiornamento**

almeno biennale, acquisiti presso gli enti di formazione in base all'articolo 18 dello stesso decreto;

c) devono possedere i seguenti requisiti di onorabilità:

a. non avere riportato condanne definitive per delitti non colposi o a pena detentiva non sospesa;

b. non essere incorso nell'interdizione perpetua o temporanea dai pubblici uffici;

c. non essere stato sottoposto a misure di prevenzione o di sicurezza;

d. non avere riportato sanzioni disciplinari diverse dall'avvertimento ;

d) i soli mediatori esperti nella materia internazionale devono inoltre essere in possesso di **documentazione idonea a comprovarne le conoscenze linguistiche**.

Ai sensi dell'art. 18 D.M. 180/2010, il **percorso formativo** per i mediatori, predisposto da **enti di formazione accreditati** presso il Ministero della Giustizia

- deve avere una durata complessiva **non inferiore a 50 ore**,

- deve essere articolato in **corsi teorici e pratici**, con un massimo di trenta partecipanti per corso, comprensivi di sessioni simulate partecipate dai discenti, e in una **prova finale di valutazione** della durata minima di quattro ore, articolata distintamente per la parte teorica e pratica.

I corsi teorici e i corsi pratici devono avere per oggetto le

seguenti materie: normativa
nazionale, comunitaria e internazion
ale in materia di   mediazione   e
conciliazione,   metodologia   delle
procedure facilitative e aggiudicative
di negoziazione e di mediazione e
relative   tecniche   di   gestione   del
conflitto   nonché   di   interazione
comunicativa, anche con   preciso
riferimento alla mediazione demandata dal giudice, efficacia e   opera-
tività delle clausole contrattuali di m
ediazione e   conciliazione,   forma,
contenuto   ed   effetti   della
domanda   di   mediazione   e
dell'accordo   di   conciliazione,

compiti e responsabilità del mediatore.

Il **percorso di aggiornamento formativo**, di durata complessiva **non inferiore a 18 ore biennali**, deve essere articolato in **corsi teorici e pratici avanzati**, comprensivi di sessioni simulate partecipate dai discenti ovvero, in alternativa, di sessioni di mediazione; i corsi di aggiornamento devono avere per oggetto le materie di cui sopra.

Passando al ruolo effettivo del mediatore, abbiamo detto che il mediatore è un professionista imparziale che ha il compito di trovare una soluzione alla controversia e far arrivare le parti ad un mutuo accordo.

E' opportuno quindi andare ad evidenziare bene che il compito del mediatore non è, difatti, quello di prendere decisioni alla stregua di un giudice, bensì quello di mediare tra le parti in lite, al più proponendo una soluzione conciliativa che le parti hanno la facoltà di accettare oppure no[4].

Il mediatore dunque (come configura anche il legislatore), non ha poteri istruttori o decisori ma si limita a cercare una soluzione giusta per entrambe le parti in mediazione.

A tal proposito, il ruolo del mediatore può risultare assai più difficile non dovendo attribuire torti o ragioni: il mediatore deve rimanere esterno dai pareri personali (e normativi) della controversia cercando solamente di percepire i bisogni di entrambe la parti.

---

[4] GIUSEPPE CASSANO-SALVATORE DE FRANCISCIS-CARLO DE LUCA-LILIANA GIANNONE, La Mediazione, CEDAM 2012, pag. 43 e ss.

Ogni attore ha bisogno dell'altro per risolvere un **problema**, per cogliere un'**opportunità**, per far fronte ad una **minaccia**.

Il mediatore deve perciò allontanarsi sia dall'aria dell'imposizione che dall'aria dell'indifferenza per arrivare al punto d'accordo, all'**area negoziale**.

Sarà perciò compito primario ed essenziale del mediatore quello di entrare nel mondo delle persone, nelle loro mappe menatali e *adeguare la comunicazione*, creando empatia e rispettando i loro tempi di reazione, di apprendimento e le loro esigenze.

Se le due parti in conflitto sono estremamente distanti tra loro, se hanno richieste decisamente "non avvicinabili", sta al mediatore gestire positivamente il conflitto iniziare a creare valore aggiunto[5]. Creare valore aggiunto vuol dire trovare un accordo che porti vantaggi considerevoli a entrambi le parti.

---

[5] IMPARARE A NEGOZIARE, Luca e Laura Varvelli, GRUPPO24ORE, nuova edizione giugno 2011

Vuol dire concentrarsi sul massimo ottenibile e non solo sul minimo raggiungibile, significa individuare e valorizzare i punti in comune e le aree di accordo più che le aree oscure del disaccordo.

Riuscire a trovare un accordo comune, riuscire a negoziare bene non è semplice perché implica la capacità di trovare rapidamente valide alternative alle obiezioni, ma è sicuramente li lavoro che deve fare il mediatore, il bravo mediatore.

In parole povere il mediatore non è solo quel soggetto professionale, competente ed imparziale che ha il compito di risolvere una controversia ma bensì è un comunicatore, un esperto negoziatore che conduce la parti verso la via di uscita migliore per tutti. Per concludere è bene evidenziare un obbligo fondamentale che ha il mediatore (e l'organismo di mediazione) nei confronti delle parti oltre all'imparzialità: la riservatezza.

A tal proposito proprio il ministero precisa che:

- nessuna dichiarazione o informazione data dalle parti nel procedimento di mediazione può essere utilizzata nel processo

- nessuna dichiarazione o informazione data da una parte solo al mediatore può essere rivelata alla controparte, e ogni violazione viene sanzionata

- tutte le informazioni riservate sono in ogni caso inutilizzabili in ogni

successivo ed eventuale
processo.

RICAPITOLANDO:

1) La figura del mediatore non si limita a quella di "professionista con compito di far trovare un accordo comune alle parti ma bensì" quale esperto negoziatore che "prende per mano le parti".

2) La negoziazione è il risultato di un ottima gestione di un conflitto tra le parti

3) il mediatore deve credere con convinzione nella risoluzione alternativa delle controversie, quale rimedio efficace e alternativo alla giustizia.

4) Il mediatore, come l'organismo di mediazione, hanno l'assoluto obbligo di riservatezza verso e tra le parti.

CAPITOLO 3 – IL PROCEDIMENTO DI MEDIAZIONE

La mediazione si introduce con una semplice domanda all'organismo che si è scelto, contenente in maniera dettagliata l'indicazione dell'organismo investito, delle parti, dell'oggetto, della pretesa e delle relative ragioni nonché il pagamento di avvio della pratica di mediazione (euro 40,00 oltre iva) e le spese di mediazione in base alla seguente tabella ministeriale (relativa al rapporto valore della lite)[6]:

Fino a € 1.000:	**€ 65;**
da €1.001 a € 5.000:	**€130;**
da € 5.001 a € 10.000:	**€ 240;**
da € 10.001 a € 25.000:	**€ 360;**
da € 25.001 a € 50.000:	**€ 600;**

[6] Ministero di giusitizia, sito web ufficiale, www.giustizia.it

da € 50.001 a € 250.000:   € 1.000;

da € 250.001 a € 500.000:   € 2.000;

da € 500.001 a € 2.500.000:   € 3.800;

da € 2.500.001 a € 5.000.000:   € 5.200;

oltre € 5.000.000:   € 9.200.

Si precisa che la parte istante può scegliere liberamente l'organismo. In caso di più domande, la mediazione si svolgerà davanti all'organismo presso cui è stata presentata e comunicata alla controparte la prima domanda.

Al deposito della domanda, il responsabile dell'organismo scelto nomina il mediatore, e fissa il primo incontro tra le parti non oltre quindici giorni dal deposito della domanda[7].

L'articolo 8 comma 5 del dlgs. 28/2010 specifica che dalla mancata partecipazione senza giustificato motivo al procedimento di mediazione il giudice può desumere argomenti di prova nel successivo giudizio ai sensi dell'articolo 116, secondo comma, del codice di procedura civile; oggetto sicuramente da non sottovalutare anzi evidenza quanto

---

[7] Ministero di giusitizia, sito web ufficiale, www.giustizia.it

la partecipazione alla mediazione sia fondamentale.

A questo punto inizia la mediazione vera e propria: le parti si recano presso l'organismo di mediazione alla data stabilita ed il mediatore si adopera affinché esse raggiungano un accordo amichevole di definizione della controversia entro un massimo di 4 mesi.

L'accordo raggiunto con la collaborazione del mediatore è omologato dal giudice e diventa esecutivo.

Nel caso di mancato accordo il mediatore può fare una proposta[8] di risoluzione della lite che le parti restano libere di accettare o meno[9].

RICAPITOLANDO:

[8] Il mediatore deve fare la proposta se le parti concordemente glielo richiedono. Negli altri casi il mediatore può fare la proposta, se il regolamento dell'organismo lo prevede. Se la proposta non viene accettata e il processo davanti al giudice viene iniziato, qualora la sentenza corrisponda alla proposta, le spese del processo saranno a carico della parte che ha rifiutato ingiustificatamente la soluzione conciliativa - da www.giustizia.it

[9] Ministero di giusitizia, sito web ufficiale, www.giustizia.it

COME SI ARRIVA ALL'ACCORDO

il mediatore formula una
proposta di accordo

le parti raggiungono
accordo amichevole

adesione di tutte le
parti alla proposta

VERBALE + ACCORDO/ADESIONE ALLA PROPOSTA

TITOLO ESECUTIVO
PREVIA OMOLOGA DEL TRIBUNALE

SE NON SI ARRIVA ALL'ACCORDO

Il mediatore formula una
proposta di accordo

il mediatore non
formula proposta

Mancata adesione di una
delle parti alla proposta

VERBALE DI
MANCATO ACCORDO CON
INDICAZIONE DELLA PROPOSTA

VERBALE DI
MANCATO
ACCORDO

Eventuale successivo giudizio:
CONSEGUENZE SULLE SPESE

CAPITOLO 4 – PERCHE' LA MEDIAZIONE

Partendo dal presupposto che la mediazione può essere[10] :

1. facoltativa, e cioé scelta dalle parti

2. demandata, quando il giudice, cui le parti si siano già rivolte, invita le stesse a tentare la mediazione

3. obbligatoria, riguarda i casi di controversia in materia di:

1) diritti reali (distanze nelle costruzioni, usufrutto e servitù di passaggio ecc.)

---

[10] Ministero di giusitizia, sito web ufficiale, www.giustizia.it

2) divisione

3) successioni ereditarie

4) patti di famiglia

5) locazione

6) comodato

7) affitto di aziende

8) risarcimento danni da responsabilità medica e da diffamazione con il mezzo della stampa o con altro mezzo di pubblicità,

9) contratti assicurativi, bancari e finanziari

10) condominio e risarcimento del danno derivante dalla circolazione di veicoli e natanti (da marzo 2012)

E' pacifico intendere come il legislatore, imponendo per tutte queste materie la mediazione quale condizione di procedibilità , ha l'obiettivo principale di andare a deflazionare il sistema giudiziario italiano rispetto al carico degli arretrati e al rischio di accumulare nuovo ritardo.

Dunque una valida soluzione che accomuna principalmente cinque fattori fondamentali che comporta la mediazione[11]

a) Costi di procedure bassi e prestabiliti dalla legge (se la mediazione riesce la causa si chiude e si evitano spese legali ulteriori derivanti dal prolungarsi della vertenza nel tempo)

b) Tempi brevi (massimo 4 mesi) e prestabilite dalla legge

c) Agevolazioni fiscali (il costo della mediazione si scarica)

d) Gli scaglioni più bassi sono allineati a quelli del Contributo Unificato e

---

[11] Ministero di giusitizia, sito web ufficiale, www.giustizia.it

quelli più alti sono molto più contenuti rispetto ad altre modalità di composizione extragiudiziale delle controversie

e) Accordo economico più conveniente rispetto ad una condanna

f) Soddisfazione emotiva in quanto si trova un accordo con la controparte senza dover per forza rompere relazioni sociali

Mentre i punti a), b), d), e) "parlano da soli", è opportuno precisare i punto c) e f). Per quanto concerne le agevolazioni fiscali, la mediazione prevede che alle parti che corrispondono l'indennità di mediazione presso gli organismi è riconosciuto, in caso di successo della mediazione, un credito d'imposta fino a concorrenza di € 500 e, in caso di insuccesso della mediazione, € 250. Inoltre il verbale di accordo è esente dall'imposta di registro sino alla concorrenza del valore di € 50.000. Quindi la mediazione oltre ad avere costi contenuti ci permette pure di risparmiare fiscalmente. A riguardo infine della "soddisfazione emotiva" delle parti è fondamentale evidenziare come la mediazione può permettere che le parti, una rivolta trovato un accordo serenamente possano riallacciare i rapporti preesistenti, cosa che in giudizio difficilmente accade (o forse mai).

CONCLUSIONI

La mediazione è uno strumento fondamentale per il nostro

ordinamento, l'attuale incremento di litigiosità ed il conseguente sovraccarico di lavoro degli uffici giudiziari inducono a ritenere necessario tale strumento che permette una serie procedure che si svolgono al di fuori delle tradizionali aule di giustizia in maniera rapida (massimo quattro mesi), economica e socialmente utile.

Oggi più di ieri è necessario risolvere problemi difficili attraverso soluzioni semplici. Un ottima mediazione, un bravo mediatore non solo risolve una controversia ma bensì crea un nuovo futuro rapporto sociale per le parti.

BIBLIOGRAFIA_____

Guida breve alla mediazione civile e commerciale obbligatoria Domenica 15 Maggio 2011 da www.scadenzeprocessuali.it

Wikipedia enciclopedia multimediale, Sito web ufficiale www.wikipedia.com

Ministero di giusitizia, sito web ufficiale, www.giustizia.it

GIUSEPPE CASSANO-SALVATORE DE FRANCISCIS-CARLO DE LUCA-LILIANA

GIANNONE, La Mediazione, CEDAM 2012, pag. 43 e ss.

IMPARARE A NEGOZIARE, Luca e Laura Varvelli, GRUPPO24ORE, nuova edizione giugno 2011